LA VOLUPTÉ

PRISE SUR LE FAIT.

DE L'IMPRIMERIE DE Mme Ve JEUNEHOMME

RUE HAUTEFEUILLE, No 20.

LA VOLUPTÉ

PRISE SUR LE FAIT,

OU LES NUITS DE PARIS;

Folie érotique, mêlée d'Anecdotes et Aventures galantes du palais Royal.

PAR P. CUISIN.

PARIS,

CHEZ ROUX, LIBRAIRE, AU PALAIS ROYAL.

1815.

UNE

DÉBAUCHE D'ESPRIT

POUR PRÉFACE.

———

Nous devons tous convenir, et
je m'adresse à vous, libertins
systématiques et calculateurs, sur
qui la volupté des sens a tant
d'empire, nous devons, dis-je,
avouer que ce fortuné *Diable*

a

Boiteux, né d'une fiole brisée, fut bien le plus heureux des Épicuriens, lorsque la fée Sᴇɪɴ ᴅ'ᴀ- ᴍᴏᴜʀ lui fit présent de cette bague enchantée avec laquelle il avait le pouvoir magique de dé- couvrir les toits des palais, des châteaux, des boudoirs somp- tueux, ainsi que ceux des sim- ples grisettes, marchandes de modes, voire même des prudes, religieuses, pensionnaires ; et, muni de ce charme puissant qui le rendait à la fois témoin commo- de et *invisible* des amours d'un souverain, comme de celles d'une simple bergère, pouvait, comme une abeille voluptueuse, recueillir les faits les plus piquans, les plus délicieux des annales de l'amour, et des recherches secrètes de la galanterie-pratique. On assure même que cette bague, mille fois plus précieuse que le *régent* (quoiqu'il vaille, dit-on, quatorze millions), lui donnait la faculté de lire dans les cœurs, dans la pensée.... Mais, vous entends-je dire, je me rappelle avoir lu le *Diable Boiteux*, et je ne

a.

me ressouviens pas de ces particularités....

Sans doute, mon cher lecteur, vous ne connaissez, comme la plupart du vulgaire et des profanes, que l'édition banale de *Alain Réné* LESAGE, et je vois bien que, loin d'être inscrit sur la liste des favoris, des vrais adeptes, vous n'avez pas reçu, en échange de votre DIPLOME DE VOLUPTUEUX, un exemplaire de cette incomparable édition, qui a été toujours considérée par les connaisseurs comme le MANUEL des

partisans du plaisir et des véritables professeurs de volupté. Le
manuscrit de ce rare ouvrage fut,
assure-t-on, trouvé dans le boudoir de la reine d'Otaïti; il en
reste maintenant bien peu d'exemplaires, et à peine si l'on en pourrait rencontrer un chez la D***,
ou au n° 113, car ce charmant
écrit ne traite que de la véritable
volupté, et peut-être, dans les
lieux que je viens de citer, n'en
découvrirait-on pas la moindre
trace.... Mais puisque vous n'avez
nulle connaissance de l'auteur et

de l'ouvrage que je cite, il est inutile d'augmenter vos regrets, en m'étendant complaisamment sur toutes les beautés qu'il ren‑ferme : loin donc d'avoir voulu ici éveiller malignement vos sens et votre curiosité, sans la satis‑faire, je prétends au contraire vous associer à mes charmans tra‑vaux, à mes RONDES DE NUIT ; ve‑nez, cher lecteur, et même chère lectrice ; donnez‑moi votre belle main, madame, prenez cette lan‑terne sourde et ce gros paquet de clefs dont un *savant limier* de police m'a fait don, et qui lui viennent par héritage du fameux lieutenant de police Dubois. Ne craignez rien, vous dis-je, au moment que je vous parle, nous sommes déjà *invisibles*. Le savant physicien Robertson, par un sortilége fort ingénieux, m'a *travaillé* dans ses laboratoires chimiques, et j'ai la puissance de voir, et de n'être point vu ; puissance qu'il m'est facile de conférer à autre. Montons donc dans ce remise, et faisons-nous conduire au palais Royal ; c'est à peu près le centre de Paris, comme celui du plaisir, ou pour mieux dire, de la dissipation et du bruit.... — Mais pourquoi ces clefs d'acier, ces *rossignols*, ces boutons aimantés et ces petits leviers? m'observez-vous.—Pourquoi?...Pour nous introduire plus facilement, tandis que la nuit nous favorisera de son ombre, dans les retraites les plus profondes, dans les boudoirs les mieux enveloppés de somptueuses draperies? Que nous importent la clarté ou les ombres de la nuit; ne sommes-nous pas *invisibles* à volonté ? — Il n'y a pas de doute ; mais nous ne laissons pas que d'être *palpables* , susceptibles d'être touchés et sentis, et la nuit en général, par le calme qu'elle apporte et le sommeil dans lequel elle ensevelit tout le monde, est bien plus propice à faire nos caravanes. —Non, caravanes n'est pas le mot. —Hé bien , belle dame , qualifiez comme il vous plaira notre pélerinage galant, car, je vous l'avoue, je suis auteur , et, pour l'instruction du siècle, je crois devoir faire un journal périodique de

toutes nos *revues nocturnes :* combien, avouez-le, charmante femme, cette gazette d'amour sera
instructive et édifiante !.... Je veux
l'écrire sous votre dictée; car rien
n'est délié et délicat comme le
style d'une femme, pour exprimer
le plaisir ou la folie. — J'y con-
sens; mais comment diviserons-
nous notre OEuvre galante ?
Quel titre et quelle gravure lui
donnerons - nous surtout ?.... Car
vous savez, mon cher auteur, que,
dans le siècle où nous sommes, rien
ne fascine les yeux, l'imagination,

comme une gravure et un titre ingénieusement trouvés.—Ma foi, madame, je laisse l'un et l'autre aux soins de votre sagacité. — Puisqu'il en est ainsi, nous appellerons notre ouvrage, *les* Nuits de Paris, ou *la Volupté prise sur le fait.*—L'idée est vraiment charmante, et je l'adopte sans examen : fort bien ; mais la gravure ?.... — La gravure ?.... monsieur ; nous mettrons en scène deux génies ailés (ce sera nous) qui, planant sur des *toits découverts,* ou s'introduisant dans l'intérieur

des familles, transmettent à leurs
contemporains la relation fidèle
de leurs découvertes sur les mœurs
et la galanterie du siècle.... — A
merveille ! madame ; que votre
imagination est riche et féconde!
Vous saisissez de suite l'à-propos
des choses. Belle, et de l'esprit!
combien votre voisinage va me
devenir dangereux dans le genre
des perquisitions amoureuses que
j'entreprends sous vos auspices....
— C'est plutôt sous les vôtres que
je marche, monsieur. Allons,
partons sans plus discourir, et ins-
crivez sur vos tablettes galantes :

LA VOLUPTÉ

PRISE SUR LE FAIT.

PREMIÈRE NUIT DE PARIS AU PALAIS ROYAL.

Effectivement nous fûmes rendus en quelques minutes *rue des Bons-Enfans*, derrière le palais Royal : ma jolie conductrice, munie des *passe-partouts* que je venais de lui confier, voulut s'arrêter de suite au n° 724 ; une secrète inquiétude qu'elle avait sur son amant, me confessa-t-elle, motivait son dessein ; je me mis

1

donc aussitôt en devoir, pour la rendre, ainsi que moi, *invisible*, de la CHARMER; ce qui fut aussitôt fait au moyen de quelques mots hébreux et *maçonniques*, de quelques attouchemens *magnétiques*, et de deux baisers bien prolongés sur ses lèvres de roses, pendant lesquels *le charme* opéra tellement, que nous fûmes vraiment *invisibles* même l'un pour l'autre, car nous en fermâmes les yeux de plaisir : n'y avait-il pas dans mon action alors un grand fond de générosité ?... Elle était possédée du démon de la jalousie, et rien ne guérit de cette frénésie, comme les prémices d'une autre passion.... — Mais hélas ! que vîmes-nous, pour ajouter aux transports jaloux de ma chère compagne ? On dit bien que la jalousie est pleine de pénétration et se trompe rarement. — A peine introduits dans un salon brillant de luxe et de bougies, dont la plupart cependant prêtes à s'éteindre, ne jetaient plus que cette lumière incertaine, vacillante, si favorable aux amours et à la pudeur enfantine du beau sexe ; à peine, dis-je, touchions-nous sur le seuil d'un réduit délicieux, enbaumé des odeurs et des parfums les plus suaves…, qu'elle reconnaît son amant, non pas à ses habits, car il était presque nu, mais à la beauté de son visage animé du feu du plaisir et de la douce fatigue de la volupté ; enseveli

dans un léger sommeil , le front cou-
ronné d'un de ses bras , l'autre mollement étendu sur le sein d'une rivale trop belle , pour n'être pas , en
ce moment, détestée de mon affligée
conductrice ; il paraissait rêver encore le délire des étreintes délicieuses
auxquelles il venait de se livrer: ce bel
Antinoüs, auquel la nature avait pro-
digué ses dons les plus précieux, ne
cachait pas en ce moment *ce qui* devait le faire idolâtrer des femmes, et
je ne pus m'empêcher de convenir tout
bas à l'oreille de *Polumnie* (c'est ainsi
que se nommait mon aimable guide),
que jamais homme ne fut plus digne
d'amour, et qu'il était bien cruel pour
elle de voir qu'elle partageait avec

une rivale le plus beau, *comme le plus grand* des trésors.... — Ce fut cependant une imprudence de ma part d'ajouter, par ma réflexion, au chagrin amer de Polumnie, car aussitôt il lui échappa un torrent de larmes, un violent sanglot qui réveilla le couple que nous avions sous les yeux. Ils se questionnèrent aussitôt tendrement l'un et l'autre, et après avoir attribué le bruit qu'ils avaient entendu à quelque rêve que l'un des deux faisait sans doute, ils se livrèrent devant nous aux plus douces caresses.... Que devint Polumnie, lorsque son infidèle, enflammé, excité de toutes parts par la main la plus jolie, la plus potelée, se préparaît à combler la mesure de ses crimes sous les yeux mêmes de sa première amie, et, les lèvres collées sur le bouton de rose d'une gorge divine, éclatante d'albâtre, allait nous donner une preuve non équivoque qu'il savait apprécier mieux que personne les formes enchanteresses dont il savourait les attraits en ce moment?.... Non, non, ce ne sera pas, lui disait en balbutiant, d'une voix voluptueuse, sa charmante *épouse* (je dis *épouse* aux autels de la Nature), non, monsieur, vous êtes un méchant ; et en même temps elle serrait avec force deux *colonnes d'ivoire,* que la main fougueuse de son amant cherchait à séparer....

Non, cher Adolphe, continuait-elle, tant que vous ne m'aurez pas fait le sacrifice du portrait et des lettres de Polumnie, je vous refuserai désormais *la preuve* d'un amour dont vous aurez démérité.... —

Je lisais alors dans les yeux de Polumnie combien elle eût été flattée que son amant ne consentît pas à cet odieux sacrifice, et préférât se sevrer d'une volupté qu'on lui présentait à de si humiliantes conditions pour elle ; elle lui eût pardonné le passé en faveur de cet acte d'héroïsme.... Mais, ô douleur inexprimable pour elle ! Adolphe, brûlant d'impatience, plus amoureux, plus fougueux par l'aiguillon d'un obsta-

cle qu'il n'avait pas prévu , se lève et prend sur un *somno* l'infortuné portrait enrichi de diamans et la correspondance bientôt immolés à sa nouvelle passion. — « Tiens , Félicia , livre-
» moi maintenant tous tes trésors ,
» puisque je te sacrifie des bijoux que
» j'ai considérés long-temps comme
» les miens ; tu veux de moi une
» volupté sans partage , et je veux
» également m'anéantir dans les uni-
» ques délices de ton adorable per-
» sonne.... » Alors ce ne fut plus qu'un *cliquetis* de baisers électriques qui me mirent moi-même dans un état difficile à décrire. Quant à Polumuíe , l'état d'horreur et de désespoir où elle se trouvait , est au-delà

de toute peinture. Le couple, enivré, bientôt ne fit plus entendre que les soupirs mourans d'une voluptueuse agonie dans laquelle leurs âmes parurent s'exhaler dans des flots de plaisir et de volupté. Je crus prudent d'arracher de ces lieux Polumnie qui se serait livrée indubitablement à quelque transport jaloux, aurait conséquemment compromis le pouvoir de ma magie et m'aurait mis sur les bras la juste colère de Sein d'amour, cette fée protectrice dont je fis faire connaissance au lecteur dans ma *préface*. J'entraînai donc Polumnie hors des appartemens, me proposant, *à part-moi*, de consoler cette belle veuve, de la venger bientôt des mépris d'un parjure, et enfin de devenir auprès d'elle l'heureux *Adolphe*. Nous partîmes donc, en fermant les portes sur nous, et, respectant le silence de ma triste compagne, je la remis à son logement, nous donnant parole le lendemain soir pour la revue de la .

DEUXIÈME NUIT DE PARIS.

Eh bien ! ma chère Polumnie, lui dis-je, lorsque je vins le lendemain lui rendre chez elle mes amoureux devoirs ; cette touchante tristesse, très-fondée, que vous avez imprudemment cherchée la nuit dernière, s'est-elle dissipée par la réflexion ?.... Mais

plutôt n'en parlons plus, continuai-je,
je prétends respecter votre douleur
et laisser au temps ce que le raison-
nement n'obtient jamais dans ce genre
de chagrins.…—Polumnie, appuyée
sur l'oreiller d'un sofa élégant, ne
me répondit que par une molle incli-
nation de tête ; un nuage épais étendu sur son beau front, ne laissait que
trop juger de l'impression cruelle que
lui avait causée la funeste découverte
de la veille : je vis bien que le moment n'était pas encore venu de parler pour mon propre compte ; la plaie
du cœur, ou plutôt des sens, me parut
encore trop récente; je préférai ache-
ver sa guérison par la dissipation et
la curiosité, deux ressorts qui ne

manquèrent jamais leur effet sur le cœur des femmes. — En effet, je la déterminai à s'embarquer avec moi dans les chances d'une nouvelle aventure ; et à cet égard je lui fis observer que nous ne pouvions plus faire que des découvertes amusantes, puisqu'il était impossible que nous retrouvions ailleurs les objets douloureux qui l'avaient affligée la dernière nuit.—Nous voilà donc une seconde fois, à deux heures du matin, dans un léger cabriolet de place que nous arrêtâmes à l'heure place Vendôme. Il est juste, dis - je, Polumnie, que cette fois je devienne le directeur de cette seconde *échappée* ; je connais un très-joli atelier de marchandes de modes, rue Vivienne, et c'est là qu'il faut nous glisser. Ne vous attendez pas à trouver aux mansardes de ces jolies grisettes le luxe des salons ; mais en revanche vous y jouirez de la vue des singularités les plus piquantes, n'en doutez pas. Après avoir monté sept étages *au-dessus de l'entresol*, nous arrivâmes au *carré* de plusieurs portes contiguës, ou plutôt de quelques légères cloisons mal ajustées, mal fermées, dont les serrures insignifiantes n'exigèrent aucunement l'emploi de nos *charmes* ou de nos instrumens. Je me bornai à prononcer trois consonnes *syriaques*, et une porte qui ressemblait à un fragile cartonnage se rangea devant nous

et se referma aussitôt. La description
du *fastueux* appartement où repo-
saient, dans le même lit, deux jolies
marchandes de modes, ne sera peut-
être pas indifférente pour mes lecteurs. Un tablier de taffetas noir, at-
taché par ses cordons à deux cloux,
composait le rideau d'un châssis privé de quelques carreaux; ceux qui
restaient étaient rajustés avec les
feuilles d'un roman qui s'était réfu-
gié pour dernier asile chez l'épicier;
une robe de percale et une chemise
assez élimée *sur le devant*, lavées de
fraîche date, séchaient sur une corde
qui traversait obliquement le réduit;
quelques romans, tels que MONROSE,
l'*Arétin*, *Thérèse-Philosophe*, les

Délices de l'Amour, étaient placés
sur une planche au-dessus du lit de
sangles ; deux chapeaux à bouquets
de fleurs fort élégans, et qui ne laissaient pas que de contraster avec l'air
de misère qui paraissait *suer* sur les
murailles mal recouvertes d'un pa-
pier partout lézardé, se trouvaient
attachés par leurs rubans derrière la
porte ; une chandelle brûlait, posée
sur un grand carton à côté de *Faublas,*
et la vacillation de la lumière menaçait
à chaque instant de brûler les draps,
la couverture, ainsi que nos deux hé-
roïnes. J'ai déjà dit qu'une chemise
séchait ; c'était celle d'une des deux
grisettes qui, nue comme la main,
autant à cause de la grande chaleur,

que faute de pouvoir changer peut-
être , s'était mise en état de *pure nature :* c'était bien le plus joli modèle
du monde !…. et Psyché en eût été
jalouse. Sa main , par l'effet d'une
pâleur fortuite, était placée à *l'antre
que tout mortel révère* (suivant l'expression de Piron), et sa charmante
nudité nous livrait enfin le spectacle
ravissant de ses plus secrets appas ;
la seconde, plus modestement *posée,*
ne découvrait qu'un sein, et son front
paraissait encore brûlant de la lec-
ture *stimulante* qu'elle avait quittée,
surprise sans doute par le sommeil….
Nous arrivons à temps , dis-je à ma
compagne , pour préserver ces deux
enfans de la mort, et la maison de l'in-

cendie. Au moment où je faisais en riant cette remarque , notre Psyché se réveille, et examinant furtivement si son amie dormait d'un profond sommeil , elle la découvre entière-ment des draperies qui nous la ca-chaient, paraît elle-même contempler le corps charmant qu'elle vient d'ex-poser à notre vue, et, comme en proie à un goût passionné que sa jeune amie aurait toujours désapprouvé , elle se livre aux plus voluptueux ébats.... C'est en vain que l'objet de sa manie se réveille, se fâche , se ré-volte contre ses importunes caresses, repousse ses baisers contre nature...; sa frénésie n'écoute rien , et ce n'est enfin qu'au terme de son délire qu'elle en met un à ses fougueux transports.... A ce tumulte passionné succéda bientôt une vive discussion entre elles : *la violée* lui reprocha amèrement sa dégoûtante habitude, et la menaça de déclarer tout *à madame*. Notre bacchante, qui s'appelait *Catiche* (nom grec), se justifia, en lui répondant qu'élevée au sérail de Constantinople, et destinée dès son enfance à un prince musulman, elle avait contracté, dans le *harem*, avec la plupart des femmes du sérail, l'usage de ces plaisirs charmans. Enfin, pour l'apaiser, elle promit à son amie de lui faire présent le lendemain de chocolat, de pastilles de menthe, et de porter ses billets à Saint - Hélène, son amant. C'est ainsi que se termina cet épisode scandaleux, qui ne nous donna que trop une légère mais véritable esquisse des mœurs secrètes des marchandes de modes en général. Nous nous empressâmes de quitter ces deux *morveuses*, et nous les laissâmes s'abandonner au repos que leur volupté *illicite* leur rendait si nécessaire. Nous - mêmes fatigués, je l'avoue, émus, excités des images de velléités que le hasard venait de nous présenter, nous nous retirâmes : je crus ce moment favorable pour parler à Polumnie des intérêts de ma passion naissante et de l'occasion propice de la couronner ; l'on me répondit par un silence qui me donnait les plus délicieux présages. Arrivés à son appartement, nous scellâmes de tendres baisers notre singulière alliance, et, plus heureux que nos deux marchandes de modes, nous nous abandonnâmes aux *réalités* du plaisir, tandis qu'elles n'en avaient obtenu, à elles deux, que le *simulacre*.

TROISIÈME NUIT DE PARIS.

J'aurais cru Adolphe plus puissant sur mon cœur et sur mon souvenir, me dit la belle Polumnie à son réveil; mais je ne connaissais pas encore les *nombreuses* qualités dont vous venez de me donner *tant de preuves,* continua-t-elle en me regardant tendrement. — Et pourquoi regretterais-je mon *parjure*, puisque je trouve réunis dans mon aimable *Sylphe* (c'est ainsi qu'il lui plut de m'appeler) tous les attraits dont mon *infidèle* était comblé ?..... — Que dis-je ! aux grâces du corps il réunit les charmes de l'esprit, et Adolphe n'était, à bien prendre, qu'un sot charmant. Je ne manquai pas d'abonder dans son sens ; et à quantité de raisons que j'ajoutais aux siennes, j'en donnai *une dernière* qui lui parut *déterminante, entraînante;* elle fut tellement convaincue de la justesse de *ma raison,* qu'elle ne put répondre que par des monosyllabes et un silence éloquent. *Oui.... oui.... Sylphe* charmant.... *vous me*

pénétrez de la force de votre.... àr-
gument !....

Après avoir gagné une cause aussi belle et avoir mis *hors de cour ma partie*, qui s'avoua vaincue avec dé-pens, nous nous mîmes à concerter le plan de notre

QUATRIÈME NUIT DE PARIS.

Ce soir, me dit Polumnie, il faut nous rendre à l'île Saint-Louis ; c'est là, dit-on, que se sont réfugiées les bonnes mœurs, les mœurs antiques de la *vieille roche ;* et moi je veux pa-rier que l'amour ne laisse pas d'y faire des siennes : la fée SEIN D'AMOUR serait bien la plus aimable des sor-

cières, si son génie, qui sait tout,
consentait à nous diriger chez quelque *prude renforcée*, qui emplirait
tout son quartier d'une odeur de sain-
teté. Nous passâmes, moi et Polumnie, une partie de la matinée aux bains
Montesquieu, où j'eus le bonheur de
l'admirer à travers une onde diaphane
qui, rafraîchissant ses attraits, en
relevait encore la blancheur. Ce serait bien le cas, s'écria-t-elle, prise
d'une pensée folle, d'user de notre
double magie et de faire agir les enchantemens.... Comment? Polumnie !
et que voulez-vous dire ? — Quoi ,
vous ne me comprenez pas encore !
vous ne présumez pas qu'une maison
de bains publics doit cacher, dans le

sein des baignoires et de toutes ces cellules, souvent choisies uniquement pour le théâtre de la volupté, des épisodes charmans, des intrigues délicieuses, et que l'hypocrite bourgeoise, clouée à son comptoir, surveillée par vingt commis et surtout par son *argus* de mari, épie le prétexte du bain, pour se consoler, dans les bras d'un beau jouvenceau, des caresses *périodiques* et *uniformes* de son époux....
—Sans doute les fiacres et remises sont maintes fois métamorphosés en *couches adultérines*, comme l'a fort spirituellement décrit M. Dejouy, dans ses MŒURS PARISIENNES ; mais que le bain prête bien plus aux délicieuses trahisons conjugales !... Soyez aussitôt sa-

tisfaite, Polumnie ; cela ne nous empê-
chera pas de planer ce soir sur l'île
Saint-Louis, et d'en découvrir quelques toitures.... — Mais je crois que
le hasard nous sert on ne peut plus
favorablement ; et sans pénétrer dans
une baignoire éloignée, je me borne-
rai, en enchantant le miroir que nous
avons ici, à lui donner la propriété
de réflexion de tout ce qui se passe
chez nos voisins.... Bon dieu ! que
vois-je ! s'écria aussitôt Polumnie en
prenant la fidéle glace dans ses mains
et sans se déranger du bain où elle
était voluptueusement étendue ; je
crois.... mais je ne me trompe pas ;
sous cet accoutrement de prétendue
femme de chambre, c'est un beau

jeune homme ?.... oui ; son men-
ton est à peine revêtu d'un léger du-
vet.... Mais le voilà bientôt désha-
billé ! Peste, madame la douairière,
comme vous êtes pressée d'examiner
ce bel *Adonis !*.... L'idée est, d'honneur, ingénieuse; introduire ici son
mignon sous le déguisement d'une
femme, et, sous ce toit hospitalier, se
livrer commodément et sans crainte
à ses plus doux penchans.... J'avoue
que la pensée ne m'en est jamais ve-
nue, malgré que la beauté d'Adolphe,
sous les habits d'une fringante soubrette , aurait produit une illusion
complète.

Polumnie , émerveillée de la scène
piquante dont elle m'était redevable ,

continuait son *marivaudage*, son co-
mique babil, et moi-même, ravi de
son spirituel monologue, je me serais
bien gardé de l'interrompre ; je me
bornais à fixer, comme elle, la glace
délatrice ; et si parfois j'interrompais
sa curieuse attention , c'était pour
dérober sur son sein, ému mollement
par les vagues de l'eau, quelques baisers humides.....

Notre douairière, à son tour *femme
de chambre* de son amant, l'eût bientôt présenté à nos yeux étonnés, *tel
que Vénus sortit du sein des eaux;*
ses épaules d'ivoire furent marque-
tées de ses baisers, et nous pouvons
assurer qu'il n'y eut pas une partie
de cette belle statue de marbre qui ne

reçût l'empreinte d'une pression de lèvres brûlantes. Il faut en convenir, la nature ne produisit jamais rien de si séduisant que ce charmant adulte ; la neige et l'azur se disputaient les nuances incarnates de son beau corps ; c'était enfin un second Narcisse que les eaux de notre baignoire réfléchissaient délicieusement. On comprend bien que les filles de l'établissement, qui vont et viennent dans les couloirs du côté des femmes, soit parce que la porte était parfaitement fermée, soit pour avoir reçu leurs instructions, ne contrariaient en rien l'heureux manége de notre vieille douairière. — Mais quel moment douloureux pour son amour propre et sa vanité, que le moment où il fallut à

son tour se dépouiller de voiles importuns et d'ailleurs incommodes aux
amours.... La froideur, la lenteur de
notre héros à enlever l'attirail de la
toilette de son *aïeule* (car elle aurait
pu l'être); son dégoût mal déguisé, en
ôtant ici des *suppléans*, là un faux
toupet, puis mettant sur cette chaise
des *hanches et un ventre postiches*,
et encore dans ce gobelet un *œil*
de verre...., ne se lisaient que trop
dans ses gestes et dans ses yeux,
pour le bonheur impatient de notre
héroïne surannée ; et il était facile
de pénétrer que l'or, qui achète tout,
même l'honneur et la vertu, avait
payé d'avance les douloureuses complaisances de ce beau jeune homme,
et qu'il avait cédé à la nécessité les

charmes de sa personne, comme une jeune beauté consent, par intérêt, à une union disproportionnée, sous le rapport de l'âge et de la figure. Ce n'eût encore rien été d'avoir sous les yeux une carcasse étique, inégale et cornue de tous côtés, d'être condamné à voir, à toucher deux seins rougeâtres et oblongs comme ceux de *l'Envie,* de se sentir pressé par des genoux, des bras décharnés, qui, chaque fois dans une accolade repoussante, dessinaient un sillon sur le corps potelé de notre bel Adonis.... Il fallut enfin, comme Faublas avec la tante (madame la marquise d'Armincourt), se résigner à combler soi-même la mesure de son martyre : un canapé, surchargé de vingt oreillers

moelleux, placé exprès par les soins
d'un tiers intéressé et intelligent,
devait servir de théâtre ou plutôt
d'échafaud à la victime courageuse....
Moi et Polumnie nous ne pûmes que le
plaindre et gémir avec lui de la nécessité affreuse où il s'était lui-même placé
par le sentiment d'une vile cupidité
sans doute. Le sacrifice commença
enfin.... De toutes parts les amours
s'envolèrent de honte ; moi-même ,
irrité à juste raison de voir un couple
aussi mal assorti , je voulus punir,
dans cette mégère, une vieille disso-
lue, et, par un *charme* soudain, j'em-
pêchai que le sacrifice pût être con-
sommé ; l'Amour devint *impuissant*
une fois par respect pour lui-même,

et cessa de prodiguer une volupté vénale, trop souvent arrachée par la richesse et le rang.... Polumnie elle-même, révoltée de ce tableau graveleux que nous avions eu trop long-temps sous les yeux, brisa la glace de dégoût, en m'applaudissant d'avoir su justement priver la douairière d'une félicité indigne d'elle...—

J'invitai Polumnie à sortir du bain ; moi-même je disparus, après lui avoir donné rendez-vous à son *petit coucher*, et être convenu de nos faits relatifs à notre première incursion projetée sur l'île Saint-Louis ; incursion qui composera les fait historiques de la

CINQUIÈME NUIT DE PARIS.

Il faut espérer, me dit Polumnie aussitôt qu'elle m'aperçut, que nous n'irons pas chercher cette nuit, à l'île Saint-Louis, des caricatures de libertinage aussi inconvenantes que celles qui ont occupé nos loisirs ce matin, et que le cours de physique galante que vous me faites faire, mon cher Sylphe, ne sera plus accompagné de circonstances aussi grotesques. — Non, ma chère Polumnie, lui répondis-je ; nous verrons probablement l'amour tel qu'on le faisait au bon vieux temps : point d'écarts d'imagination, point de raffinement de volupté à l'île Saint-Louis.... — C'est tout bonnement la couche nuptiale de monsieur et madame Denis, datant la première époque de leurs amours de la minorité de Louis xv. Nous y verrons, par exemple, une grande belle fille, bien droite, bien roide, enfermée dans un corps garni de lames d'acier, enveloppée dans un vaste tablier noir, et cachant le feu de ses beaux yeux sous de longues paupières hypocrites ; un abbé de l'archevêché épiera le moment de s'introduire chez cette intéressante *jeune première ;* et l'amour et la nature, *qui ne connaît pas ces distances-là,* les comblera tous deux de béatitude.... Voilà, en deux mots, l'histoire résumée de ce quartier ; cependant, allons la lire sur les lieux. A peine arrivés rue Saint-Louis , arrêtons-nous , dis-je à Polumnie , sous ce grand balcon qui annonce une maison respectable : quelque contre-amiral retiré y élève, m'a-t-on dit , une fille unique dans le sentier de la chasteté et de la vertu.... Pénétrons à sa chambre à coucher.... — Grand dieu !.... l'aurait-on jamais pu croire ? Ai-je les yeux fascinés ?.... Mais voyez vous-même, Polumnie , car j'en crois à peine le rapport de mes bagues.... — Non , vous ne vous trompez pas, c'est un colonel d'hussards , amoureusement couché près d'Euphémie , qui, d'ailleurs , jouit d'une réputation sans tache dans toute l'île Saint-Louis. — Elle *sabre* l'amour ; et pour aller lestement, elle a pris pour son amant un colonel de cavalerie : très-bien, mademoiselle, à merveille : quelle aimable postérité va résulter d'une sagesse aussi parfaite !.... Qu'importe, ne voyez-vous pas cette complaisante sexagénaire, qui fait le guet, et est gagée par le colonel pour être son mercure galant?... Jamais duègne d'Andalousie ne *porta le caducée* de meilleure grâce et avec plus de dextérité ; ce couple heureux n'a donc rien à craindre du dehors, et peut se livrer sans inquiétude à toute l'ardeur de ses feux. Cependant vous avez beau dire, repartit Polum-

nie, quelque originalité se mêlera dans
ces liaisons, et enfin une prude de
l'île Saint-Louis n'agira pas, en ma-
tière de galanterie surtout, comme
une petite maîtresse de la chaussée
d'Antin ou du *boulevard de Gand.*
Approchons, vous dis - je, et au
moyen de votre chaton bien dirigé
et du bougeoir encore allumé sur
cette table de nuit antique, surpre-
nons la Volupté hypocrite sur le fait.
Nous avançâmes effectivement, moi
et Polumnie, sur la pointe du pied,
l'œil et l'oreille aux aguets ; en effet,
de quelle surprise ne fûmes-nous pas
frappés, lorsque nous remarquâmes
parfaitement qu'Euphémie, notre voluptueuse friponne, était hermétique-

4

ment enveloppée dans un corset de batiste qui cachait à peine sous ce réseau transparent ses nubiles appas. —Ne vous avais-je pas dit, mon cher *Esprit familier*, s'écria Polumnie, que nous ne pouvions manquer de dévoiler ici quelque bon trait de *pruderie*, même au sein du plus voluptueux abandon ; et pour peu que vous consentiez, continua-t-elle, à me laisser réveiller notre beau Mars, le colonel, nous donnerons à la fois l'éveil à d'autres originalités de bigote qu'il vous serait impossible d'imaginer. Polumnie en effet, sans attendre mon aveu, chatouilla le creux de la main de l'amant endormi, qui fit spontanément un saut qui l'effraya ; il interrogea des yeux la chambre à coucher , mais n'y voyant aucun vestige qu'il pût attribuer à la cause inintelligible de son réveil , il se figura que c'était une aimable niche de sa belle dormeuse , qui feignait exprès d'être ensevelie dans un profond sommeil ; il se trompait , Euphémie dormait réellement. En ayant acquis la certitude , il se détermina , après l'avoir contemplée et amoureusement caressée sous sa singulière enveloppe de batiste , à la faire partager ses nouveaux désirs : Euphémie, bientôt réveillée , lui adressa le plus gracieux sourire ; mais, à la dérobée , nous la vîmes plusieurs fois se signer , en adressant des regards pleins de ferveur à un tableau mystique placé sur un fond de velours dans le milieu de l'alcove , elle toucha même de l'extrémité de ses doigts un objet de piété, et, mélange inexplicable de dévotion et de volupté, la même main de cette vertu équivoque pressa sur son cœur l'amant qui se préparait déjà à commettre avec elle *le plus aimable des péchés mortels....*

Non, disait à voix basse Euphémie; non, monsieur, je n'y consentirais jamais *de cette manière....* Vous voulez donc absolument ma perte, ma damnation?.... Et comment me justifier vis-à-vis de mon confesseur, vis-à-vis de moi-même? Ne brisez pas cette dernière barrière, ce dernier refuge pour ma vertu....—Quelle est donc cette dernière barrière , ce dernier refuge ? nous demandions-nous à nous-mêmes.... Nous le sûmes bientôt. Euphémie, barricadée comme dans un linceuil de batiste , n'y avait laissé précisément qu'une petite ouverture qui permît *accès aux Amours* , et, à l'imitation de la dévote de Faublas, elle se figurait, dans les accommodemens de sa conscience, qu'elle ne pêchait qu'à demi , en ne donnant pas, comme on dit, toute la chair au diable. Bizarres raisonnemens de la pruderie qui feint encore de la retenue au sein de l'abandon , et fait une réserve de vertu , au moment même où elle livre à l'amour le trône du Plaisir!!

Notre colonel de cavalerie ne s'arrangeait pas du tout de ces subtiles combinaisons de la conscience et de la superstition ; il voulait même arracher, déchirer un voile importun qui privait sa main ardente du charme le plus délicieux des caresses , celui de presser *corps à corps* l'objet qu'on aime : mais c'est en vain qu'il s'efforça de triompher d'un entêtement si ridicule ; Euphémie , forte et animée du sentiment de ce qu'elle croyait dans sa pruderie , ses devoirs les plus saints, demeura victorieuse, et crut sa vertu triomphante, parce qu'elle se donnait à un *homme* sous la garde d'un silice étendu *à peu près* sur toute sa personne. Notre héros fut donc obligé d'étreindre sa sotte prude, cuirassée comme elle l'était ; il fut, dis-je, contraint de passer par *le singulier guichet* qui lui était ménagé, et après quelques légers murmures assez fondés de sa part, quelques ferventes justifications de celle de sa Madeleine, nous entendîmes bientôt un concert de soupirs où le bonheur céleste des élus fut souvent exalté par notre héroïne. Nous jugeâmes à propos de nous retirer de l'appartement d'une prude si édifiante, nous proposant bien de la tympaniser un jour dans l'île Saint-Louis, et de lui arracher cette réputation usurpée de vertu et de sagesse incomparables.

SIXIÈME NUIT DE PARIS.

Est-il possible, me dit Polumnie au déjeûner, de pousser l'originalité et la pruderie à un tel point, et d'envelopper de formes mystiques les derniers excés du plaisir? comme si la nature pouvait attacher du crime et de la honte aux choses même qui fondent son éternité! Mais laissons pour la dernière fois cet aride sujet, mon aimable *enchanteur*, et ne remettons plus cette fine partie que depuis quelques jours nous nous proposons de faire à la chaussée d'Antin; c'est là que nous trouverons les véritables asiles de l'opulence, du goût et de la volupté ; le dieu d'Épicure y a fondé lui-même ses temples, et je brûle enfin d'examiner en détail les secrètes amours des charmantes prêtresses de ce culte divin..

Le remise nous attendait ; je pris la jolie main de ma belle pèlerine, et nous fîmes voler nos chevaux rue du Mont-Blanc : il était une heure : c'est celle du bain, remarqua Polumnie, elle est favorable à la galanterie. Arrêtons ici, continua-t-elle, à quelques pas de cet hôtel-ci. — Bien. — Pénétrons dans le somptueux boudoir de la femme de ce banquier, et, *invisibles* pour cette prétendue Lucrèce, arrachons-lui le masque dont elle couvre ses complots galans. Nous vîmes aussitôt MADAME, négligemment vêtue d'un élégant *caleçon* garni de riches dentelles , assise ou plutôt couchée sur sa chaise longue ; son très-petit pied posé sur la pédale de sa harpe , et l'autre sur un tabouret couvert d'un beau cachemire ; *chevrotant* nonchalamment quelques harpêges , elle paraissait obsédée de la présence d'un époux qui contrariait, selon ce qu'il nous a semblé , l'arrivée d'un amant ardemment attendu. Enfin, à force de silence et de bâillemens , d'affectations , de vapeurs , d'exclamations désobligeantes , le mari fut éconduit , ou plutôt se retira de lui-même , se rendant la justice que sa tendresse et ses soins ne

pouvaient que fatiguer sa chère moi-
tié. En effet, à peine eut-il disparu ,
qu'une suivante alerte , cachée dans
un cabinet voisin , et geolière du
charmant captif qu'on brûlait de re-
voir , sortit une petite clef d'une des
poches de son tablier , et courant lestement vers l'étui de la harpe, l'ouvrit
aussitôt, et nous découvrit un charmant garçon groupé au fond de cet
étui , à peu près comme le petit page
Chérubin est accroupi dans le fauteuil
au mariage de Figaro. Le pauvre en-
fant ! s'écria notre coquette, en allant
au-devant de lui et l'embrassant tendrement , je gage qu'il se sera fait
mal dans cette posture incommode :
Adeline, dit-elle à sa femme de cham-

bre , apportez ma caisse à odeurs ; et de le couvrir de nouveaux baisers. Le bel adolescent, quoique un peu timide , ne laissait pas d'en rendre quelques-uns ; mais ses baisers étaient extrêmement respectueux et sur les joues seulement. Sa maîtresse, dans l'art d'aimer *et d'embrasser*, avait beau lui dire : Non, pas comme ça, mon cher amour ! et lui présenter une bouche ardente de rencontrer des lèvres aussi fraîches que novices, notre jeune écolier marchant d'un pas inexpérimenté dans l'île de l'Amour, en prenait encore les leçons gauchement ; c'était enfin , comme nous le vîmes parfaitement , une *école toute entière* à faire, et une virginité à

cueillir !.... Quel trésor pour une
femme de trente ans, avide de donner des leçons après en avoir tant
reçues, et jalouse de dresser un élève
qui n'apprit et ne connut le manége
du plaisir que sous sa savante direction !.... Adeline apporta bientôt des
pâtisseries fines, des odeurs, des vins
étrangers ; un riche cabaret placé
près du couple fut couvert de choses
succulentes, de confitures, d'ananas,
et enfin jamais couvent de nones ne
prit un soin plus délicat de son directeur. Lorsque notre bel adolescent
fut parfaitement restauré, et que ses
joues, colorées comme la pêche, ne
permirent plus aucun doute sur sa
précieuse santé, madame pria, d'un

ion caressant, sa complaisante soubrette de bien fermer partout, de
tirer les persiennes et de ne laisser
pénétrer qu'un faible jour dans l'ély-
sée voluptueux où elle s'était réfugiée
avec le digne objet de sa passion cal-
culée. Le sacrifice qui devait se con-
sommer en notre présence, fut bientôt précédé des préparatifs faits pour
le service du dieu qu'on allait encen-
ser dans cette mosquée : deux casso-
lettes de parfums furent allumées ;
l'air fut embaumé de vapeurs eni-
vrantes, et ne manquèrent pas de
porter au cerveau de notre charmant
adepte les feux secrets d'un désir
dont son ignorance ne pouvait se
rendre un compte exact. Rien enfin

ne fut épargné pour célébrer digne-
ment sur les autels d'Otaïti *le sacrifice de l'Innocence*. Les vêtemens importuns furent enlevés : Adeline,
adroite autant que dévouée, aida elle-
même *à la toilette de nuit* du couple
amoureux ; et disparaissant discrète-
ment au moment où sa présence ne
pouvait plus que gêner et ajouter à
l'embarras de notre jeune héros, elle
se retira précipitamment, les laissant
tous les deux dans les bras l'un de
l'autre et offrant l'image de l'*Amour*
recevant une leçon *de sa mère*. Mais,
dans ce cas, combien *les gaucheries*
d'un amant *novice* sont délicieuses
pour une femme connaisseuse en ex-
ploits galans, et fatiguée d'ailleurs de

5.

n'avoir souvent eu que des *roués* ef-
frontés pour ses adorateurs!... Notre
belle banquière ne manqua pas de
savourer cette fois les délices et le
charme des prémices de la plus aimable jeunesse; elle se plaisait même,
comme me le fit judicieusement remarquer Polumnie, à ne donner que
des instructions *imparfaites* à son
beau pupille, et cela pour jouir de
l'effet piquant de ses erreurs et de ses
méprises. Au moral comme au physique, tout était délices pour notre
voluptueuse Cyrcé, et elle put savourer à longs traits, sous la surveil-
lance d'une soubrette habile à éloi-
gner un époux incommode, la double
virginité des sens et du cœur de son
bel élève.

C'était enfin, comme le dit Racine en parlant de Phèdre,

« Vénus toute entière à sa proie attachée. »

Il est difficile d'être *impunément* long-temps témoins d'un pareil spectacle, sans ressentir une partie de l'ivresse des acteurs que mes *anneaux* avaient livrés à nos regards ; aussi, trop agi-tés pour pouvoir soutenir davantage le feu contagieux d'une pareille scène, j'entraînai Polumuie qui, elle-même éperdue, partagea bientôt mes amou-reux projets. Arrivés à l'hôtel, je lui donnai en *maître* les leçons de délire dont nous venions de voir au foyer de la banquière une si piquante répéti-tion.

Ce soir , me dit-elle à son réveil, il faut passer en revue la *petite bourgeoisie* , et terminer nos visites domiciliaires par les *coucheries* du palais Royal. Préparez donc votre manuscrit, et mettez d'avance en tête

SEPTIÈME NUIT DE PARIS.

Faisons-nous conduire *au Marais*, décida aussitôt Polumnie, après un souper fin qu'elle voulut galamment me faire accepter chez Verry. — Les femmes, comme dit plaisamment le vaudeville, y sont très-fraîches ; ensuite nous ferons la clôture de nos *tournées nocturnes* , c'est-à-dire pour cette nuit, par les sérails les plus renommés du palais Royal. Il sera sans doute curieux de voir de près tous ces militaires de tant de nations différentes, payer en guinées ou en frédérics, les complaisances serviles de toutes ces *nymphes cosmopolites* qui *épousent* quelquefois l'*univers entier* en un quart de soirée. Nous partîmes après avoir disposé nos philtres et nos talismans, et avoir reçu des instructions particulières de la fée SEIN D'AMOUR. Ces instructions ne laissaient pas de contenir une dernière communication affligeante : son ennemi le plus puissant, le Génie SANS TENDRESSE, mettait en mouvement ses troupes dans le troisième ciel, et elle se trouvait à la veille de devoir déployer toutes ses forces contre ce dangereux usurpateur; il lui fallait dans peu de temps retirer aux simples mortels tous les *charmes,* tous les anneaux magiques dont elle avait pu les favoriser dans un temps de paix et de calme : je devais donc moi-même me dessaisir bientôt de ma qualité de sorcier, et de tous les instru-mens d'enchantemens qu'elle m'avait confiés, et cela pour son salut même ; enfin je n'avais plus que quelques nuits à jouir des avantages de l'*invi-sibilité.* Tout en goûtant ses raisons, je n'en fus pas moins affligé. J'ins-truisis Polumnie de cette déclaration douloureuse. Il est bien dur, s'écria Polumnie, d'être obligé de rentrer

dans la foule des faibles humains,
après avoir plané *quelques nuits* sur
eux en *génie sinquisiteurs;* mais enfin,
sans nous livrer à une affliction inutile, empressons-nous plutôt, repar-
tis-je, de jouir des précieux momens
de notre règne fantasmagorique. Le
Marais devint aussitôt la victime de
nos indiscrétions de *somnambules;*
et la maison d'un pharmacien, l'objet particulier de notre curiosité. Il
pouvait alors être deux heures du
matin. Arrivés près d'une vaste alcove où se trouvaient deux lits ju-
meaux assez élégans, nous aperçûmes,
à la faveur d'une lampe de nuit, deux
têtes dans le lit de gauche, et une
seule dans celui de droite; le person-

nage *isolé* était l'époux, les deux autres têtes étaient d'abord sa femme, puis un chef d'escadron de dragons en garnison à Paris. Quel excès d'impudence et de hardiesse ! ne pûmes-nous nous empêcher de dire. Comment ? près du mari, dans la couche nuptiale même ?.... Il est vrai qu'un paravent assez adroitement déployé, en séparant la scène de l'*Amour* de celle de l'*Ennui*, protégeait parfaitement les ébats des deux amans ; mais enfin l'imprudence n'en était pas moins complète, et nous fûmes aussitôt tentés de les en punir : à cet effet Polumnie, par un attouchement *de féerie*, réveilla en sursaut l'*époux-victime,* et après l'avoir tant soit peu *ensorcelé*, lui suggéra l'idée que quelque chose d'attentoire à son honneur se passait chez sa femme : avec quelle rapidité ses premiers soupçons , nés de la jalousie qu'une puissance *surhumaine* venait de lui inspirer, se changèrent en fureur lorsqu'il aperçut *de beaux favoris noirs*, mollement appuyés sur le sein de sa criminelle adultère ; lorsqu'il vit près de cette Vénus infidèle, le casque d'un autre *Mars....* Que n'avait-il alors le pouvoir de Vulcain , et la force de les enchaîner tous deux sous des réseaux d'acier ?.... Mais non seulement il n'était qu'un pharmacien, mais un pharmacien très-peu brave, et redoutait , en faisant un éclat, l'allure *tran-*

chante de son surborneur....—Voici comme il s'y prit pour châtier à la fois l'infidélité de son épouse et mettre en sûreté sa personne.... Il courut à son laboratoire y composer une potion des quatre semences froides, de nénuphar et d'autres plantes aquatiques, et les jetant, pendant le sommeil des deux amans, dans le verre d'eau et de sucre placé sur un guéridon prés du lit, il s'imagina avec raison que ce moyen infaillible de paralyser complètement les forces de l'amour, mettrait en sûreté son honneur, du moins pour le reste de la nuit, et punirait sa femme par l'endroit où elle voudrait continuer de pêcher. Effectivement notre guerrier, sorti de son premier

sommeil, altéré par l'effet des pamoi-
sons auxquelles il s'était déjà livré, but
à la coupe destructrice des plaisirs, et
mit un terme douloureux à son bonheur au moment même de le combler
de nouveau ; c'est en vain que son
amante attristée employa toutes les
ressources de *l'art*, le poison anti-
aphrodisiaque avait agi avec une telle
rapidité, que l'amour fut frappé
d'une entière nullité ; il fallut sortir
des bras de son amie, avec la honte
inséparable d'une telle aventure et
plus fatigués l'un et l'autre par des
tentatives inutiles que par un succès
complet. Nous ne perdîmes pas, moi
et Polumnie, un geste de cette scène
originale, dont le mari savoura tous

les détails, ayant pratiqué une ouverture au paravent. C'est ainsi que notre hypocrite se vengea, non par l'épée, mais par les armes de l'apothicairerie, de son adultère ; et c'est également ainsi, quoique par un procédé plus cruel, que Fulbert faisant mutiler Abeilard dans sa virilité, priva pour toujours l'inconsolable Héloïse des preuves de la tendresse de son passionné directeur.

Nous voulûmes fermer cette *septième nuit* par un coup d'œil rapide sous les toitures du palais Royal. En un clin d'œil nous fûmes à l'entresol du n° 275.... Mais quel pinceau assez hardi entreprendra de rendre cette scène libidineuse !.... Au milieu d'un

salon assez richement décoré, se
voyaient dans une licencieuse con-
fusion une douzaine de lits de plumes épars ; acteurs et actrices jon-
chés sur ce théâtre de licence an-
nonçaient assez, par leur profond
sommeil et leurs attitudes, que
la chasteté n'avait rien moins que
présidé à leurs premiers exerci-
ces. Des casques, des bonnets d'hussards, des uniformes de diverses
nations, des sabres, des épées mêlés
sur les fauteuils, avec des jupes, des
plumes, des robes, offraient à la vue
la plus singulière bigarrure, et les
fumées d'une jatte énorme de punch
n'indiquaient que trop dans quel
genre de sobriété s'étaient passées les

6.

premières heures de cette orgie.... La lassitude de la débauche et non du plaisir avait probablement mis un terme à ces bacchanales impies, et ces messalines plongées dans l'ivresse, abandonnaient sans réserve des appas que l'ivresse même rejetait....

Polumnie, révoltée de l'amas informe de tant de *nudités*, et de l'aspect impudique de tant de sexes divers, plutôt semblables à un champ de bataille, qu'aux bosquets d'Idalie, n'eut pas de peine à m'enlever de cette prétendue maison à *parties fines*, et je la dissuadai à son tour du dessein qu'elle conçut d'abord de jeter l'alarme dans ce *bivouac* ordurier qui ressemblait parfaitement à l'idée que les jeux et l'idolâtrie grecs nous

ont laissée des fêtes du dieu Priape ,
lorsque des *capanées* impudiques por-
taient en triomphe et comme un objet de vénération publique , ce qu'il
n'appartient pas à la pudeur de ma
plume de désigner ici par son véritable nom , et ensuite enivrées par
les libations des sacrifices , se fai-
saient un devoir fanatique de livrer à
des *priapées* leurs adolescens attraits,
et mettaient une espèce de défi et
d'orgueil dans l'excès même de leurs
dissolutions , de leurs attitudes dé-
hontées , et de leurs mouvemens
effrénés. .... On nous a parlé souvent, dans des fables historiques, des
mœurs et de la liberté criminelle
dans laquelle vivaient les Cafres ,
les Hottentots au milieu de leurs

kraals barbares ; on nous a , dis-
je, maintes fois présenté ces peu-
ples, fils de la simple nature ,
comme une nombreuse famille d'in-
cestueux, d'adultères , offrant enfin
dans leurs mœurs dissolues et scan-
leuses les plus grands excès de la
volupté et même du libertinage; mais
sans recourir ici à LEVAILLANT qui fut
leur apologiste , ces peuplades , d'a-
bord justifiées par l'ignorance épaisse
où elles vivent, approchèrent-elles
jamais, dans leurs amoureuses erreurs,
des excès prémidités et calculés, des
débordemens que nous avions sous les
yeux au n° 257 !.... Le Cafre in-
cestueux, le Hottentot adultère igno-
rent qu'ils commettent un délit po-

sitif?.... Mais ici, tout est arrangé, tout est combiné d'avance ; celle qui vous vend du plaisir *à tant la pamoison*, comme celui qui l'achète, sont dans le plus grand sang froid, au moment où ils passent ce scandaleux marché ; enfin je prétends dire ici que les tribus sauvages ne sont pas comme nous libertines, incestueuses avec connaissance de cause... Arrêtez-vous sur cet écart inconsidéré et peut-être déplacé de morale, interrompit Polumnie, vous êtes dans un singulier siècle, et surtout dans de plaisantes localités, pour exhaler ici votre colère pudibonde. — J'en conviens, Polumnie, je n'ai pu contenir un mouvement de dégoût plus fort que moi ;

mais pour nous remettre les esprits
un peu effarouchés du spectacle que
nous avons maladroitement cherché,
voyons au n° 333 si nous serons
plus heureux. A peine arrivés sur le
seuil de cet autre *couvent*, et nous
être rendus pour autrui insensibles à
la vue comme aux sens, nous péné-
trâmes aussitôt dans un cabinet assez
élégamment meublé ; mais avant,
nous nous amusâmes à enlever la toiture de la maison, comme on ôterait
le couvercle d'une soupière, et un
moment sous la forme d'anges ailés,
à cheval sur un nuage, nous fîmes
partout la lumière *divine* de notre
lanterne sourde : un couvert richement servi en vaisselle plate était

placé au milieu du cabinet, quatre
chaises déjà approchées, deux can-
délabres chargés de bougies an-
nonçaient assez que des convives en
pareil nombre avaient ordonné ce
nocturne repas, et que le triple dieu
de l'amour, du vin et de la gastrono-
mie, en devait faire les généreux frais.
Asseyons-nous, dis-je à Polumnie,
sur cette chaise longue, où sans
doute nous n'attendrons pas long-
temps le *quatuor* heureux qui doit ici
s'évertuer.... Je ne me trompai pas :
un la *bonne, éclairez ces messieurs,*
puis une voix qui s'efforçait de se
rendre douce et caressante ajoutait :
« *Prends l'escalier à gauche, ma mi-*
» *nette.... Prends bien garde au pas;*

» *donne-moi ta main, mon mimi....*
» *Vous verrez, nous sommes bien*
» *polissonnes....* » Tout cela nous
annonça la société qui montait l'escalier. Nous vîmes entrer un colonel
d'hussards de la mort prussien, et un
chef d'escadron russe, qui tous deux galamment *accouplés* avec deux belles
nymphes de la galerie., paraissaient
bien avoir été tout fraîchement re-
crutés au Pin.... sentimental ; une
joie secrète brillait sur la physiono-
mie de nos deux *coquines* qui,
quoique assez belles et bien taillées,
ne laissaient pas de porter, comme
toutes , dans leurs allures et leurs
mouvemens, un air de *rouées* fieffées;
on voyait enfin aisément combien

elles étaient radieuses et contentes de leur proie.... Ces messieurs *couchent,* dit l'une d'elles à nos militaires, *vas ist das?* répondit le colonel prussien qui savait fort peu de français et encore moins *l'argotage* du métier de ces dames : mais bientôt le russe, qui entendait notre langue comme la sienne, et avait fait la campagne de 1814, leur répondit, par un mouvement de tête fin et enjoué, que ce n'était pas une question à leur faire, et se mettant à traduire en allemand, pour son camarade, ce qu'avait demandé notre beauté vénale, ce dernier aussitôt de s'écrier à vingt reprises, avec une force d'enthousiasme *ia, ia, ia.* On se mit à table et les garçons du restaurant voisin servirent : le repas se passa sans gaieté de propos, il est vrai, si ce n'est entre le russe et sa partenaire, mais en revanche les attouchemens les moins équivoques suppléaient aux charmes de la conversation, principalement du côté du colonel prussien ; cette brillante collation terminée par d'abondantes *santés* de liqueurs et de vins étrangers, les femmes de chambres de ces *dames* furent appelées d'un air digne pour les aider à se déshabiller.... Cette aimable pudeur enfantine, ce *je ne sais quoi* charmant qui siége sur le front d'une femme honnête, même au sein de la plus aveugle ivresse, cette retenue déli-

cieuse qui paraît défendre ses trésors
les plus secrets, au moment où elle
brûle elle-même de les livrer à son
vainqueur, cette volupté qui *ne se
paye pas*, ne fut conséquemment
pas livrée par nos *vendeuses de plaisirs*; au contraire, sans y être invi-
tées, leur *dernier* vêtement vola sur
les fauteuils, et c'est dans cet état
qu'elles provoquèrent en *combat singulier* nos athlètes tudesques : l'af-
faire fut courte mais chaude : ces de-
moiselles avaient offert avant *deux
boucliers transparens et diaphanes*
(de ceux qui préservent des blessures
cuisantes); mais ils furent refusés
avec une noble confiance : le bain
d'usage offert, deux lits somptueux

reçurent les deux couples ; le sommeil, qui s'empara de leurs sens,
nous faisant présumer, à juste raison,
que la nuit de ce côté ne pouvait plus
nous présenter rien de curieux, nous
prîmes le parti de nous retirer, bien
décidés, Polumnie et moi, de battre
l'estrade dans la nuit suivante, que
nous marquâmes d'avance sur notre
Mercure galant, sous le titre de

HUITIÈME NUIT DE PARIS.

A peine Polumnie m'aperçut-elle,
le lendemain soir, Ah ! mon cher
sylphe, me dit-elle, avec quel plaisir je vous revois. (Il est bon d'instruire mes lecteurs qu'ayant un grand

besoin de repos de corps et d'esprit, j'avais passé la fin de cette dernière nuit (la septième) dans mon appartement et m'étais sagement privé, pendant ce faible espace de temps, des charmes de sa personne.) — Ne perdons pas un temps précieux, ajouta Polumnie, en prenant ses gants et son schal ; et, nous jetant dans un fiacre, nous arrivâmes rue de l'Échelle, où une intrigue de grisette nous attendait. J'en avais été averti le matin par un page de la cour d'*Asmodée*, prince des démons. Il était dix heures du soir lorsque nous vînmes à entrer chez Emilie, petite marchande de modes fort jolie du palais, qui demeurait rue de

l'Échelle, au troisième étage, nº 127.
Quelle était bien dans le négligé galant qu'elle avait pris à dessein ! Son
sein parfaitement arrondi annonçait,
par ses palpitations soudaines et iné-
gales , qu'elle attendait son amant ,
jeune aide de camp français. Une
coquetterie inséparable d'un pareil
moment avait présidé à la toilette
d'Émilie; sa coiffure, son ajustement,
sa chambre , son lit parfaitement
arrangés , des bouquets de fleurs
placées sur les meubles , tout annonçait enfin qu'on attendait l'a-
mour accompagné du plaisir.... Il est
bon qu'on sache qu'il y avait quelque
temps que ce militaire lui faisait la
cour; c'était à la boutique de modes

qu'il l'avait vue, pour la première fois, parmi deux haies de jeunes filles , au moment où , accompagnant sa sœur , il venait lui faire présent de quelques jolis colifichets.... Le minois agaçant d'Émilie , sa petite cornette de Rosière de Salency, son tablier vert, tout en elle séduisit Solanges (c'est ainsi que se nommait cet aide de camp); et par certains messages de son jockei , messages toujours accompagnés de bonbons et de rubans, il en était venu au point d'obtenir un aveu et un rendez-vous qui devait couronner son bonheur. Emilie, *au-dessus de son état*, par les grâces de sa modestie, n'était pas de ces marchandes de modes qui brisent le carreau près duquel elles se trouvent placées, en sa qualité d'une des plus jolies, à force de faire des agaceries aux passans ; sa retenue exemplaire était citée comme un phénomène parmi toutes les marchandes de modes de la rue de la Ferronnerie, voire même des baraques de bois, et comme une vertu *qui ne s'était jamais vue de mémoire de grisette.* Le moment donc de rendre heureux l'homme qui avait touché son cœur, n'était pas pour elle, comme pour la plupart d'entre elles, celui d'une spéculation avantageuse, où elle concevait l'espoir de mettre à contribution son amant, de lui faire acheter de jolis chiffons, de jolis bijoux, et de le rendre tributaire de ses appas.... Non, mon cher lecteur, Émilie était toute âme, et ne méditait, dans sa défaite, que des plaisirs délicats.... Combien elle fut trompée dans son attente !.... Et que les apparences sont trompeuses !.... Solanges se fit enfin entendre dans les escaliers.... Le cœur d'Émilie de battre avec une nouvelle force.... Après les complimens, la galanterie d'usage en pareil cas, notre militaire, comme toute sa caste, assez expéditif en amour, voulut mettre la dernière main à son ouvrage, et, tout fier d'un cours de galanterie, d'une fidélité *de quinze jours*, en demanda impérieusement le prix. Ici, il se livra entre elle et lui un charmant com-

bat entre la pudeur aux abois et l'a-
mour entreprenant : bref, tout cela
finit, après une défense très-héroïque
de la part de la belle assiégée, par
une capitulation où l'assiégeant entra
dans la place mèche allumée, et, après
avoir mis le feu partout où il pénétra,
il fallut se rendre à discrétion, et si
l'on combattit quelquefois encore,
c'était pour provoquer un nouvel
assaut, beaucoup moins douloureux
pour une brèche déjà voluptueusement frayée.... Cependant le feu de
la place et de l'ennemi cessèrent,
après des prodiges de valeur et avoir
passé toute leur fureur l'un sur l'autre.
Nous étions à épier, Polumnie et moi,
le moment qui suit le triomphe d'un

amant, moment *de possession* si délicat pour le beau sexe ; nous voulions, dis-je, savoir, pour le bonheur
d'Émilie, si son vainqueur ressentait
la reconnaissance de l'amour heureux
et satisfait, lorsque tout, dans sa
conduite, dans son maintien, nous
annonça le contraire. Solanges, d'un
air de glace, reçut à son tour les
baisers de sa maîtresse, car c'est au
moment qu'une femme n'a plus *rien
à donner*, qu'elle prodigue ses fa-
veurs ; autant nous étions tremblans
avant de vaincre sa vertu, autant
elle devient dépendante après l'avoir
perdue dans nos bras. Solanges, froid,
insignifiant, embarrassé de sa figure,
et comme chargé du poids *de tant de*

félicités, observa en balbutiant qu'il avait oublié qu'un rendez-vous assez important l'attendait au café des Mille Colonnes (alors il pouvait être onze heures et demie). Émilie, inquiète, pénétrant dans le ton de Solanges de la satiété et de l'ennui, lui fit de tendres reproches ; elle s'examinait elle-même, et, sans manquer de modestie, ne trouvant rien dans sa personne qui pût causer un refroidissement si prompt, elle ressentait déjà des regrets mortels de s'être imprudemment abandonnée à un amant qui n'avait su apprécier ni le prix de son cœur, ni celui de ses attraits. Enfin Solanges persista à vouloir sortir pour quelques instans, et ce fut baigné des larmes

importunes de son amie qu'il sortit.
Si nos bagues enchantées avaient pu
alors punir l'ingrat de tant de cruauté,
nous l'aurions volontiers châtié d'a-
voïr méconnu à ce point les véritables délices de la tendresse ; mais j'ai
déjà dit quelque part que la fée Sein
d'amour avait singulièrement diminué
à notre insu, dans l'entrevue que
nous eûmes avec elle, Polumnie et
moi, la puissance des *charmes* dont elle
nous avait investis. Revenons donc à
notre aide de camp : je me chargeai de
le faire suivre par un de mes *piqueurs
aériens*, il entra effectivement au café
des Mille Colonnes, mais ce fut pour
y faire des gorges chaudes, sanglantes,
de la défaite toute récente d'Emilie ;

elle était connue de son malin audi-
toire, composé de cruels étourdis, et,
devenue le plastron de ces langues
perfides, elle fut chansonnée par la
suite par tout le *monde modiste*, avide
de se venger d'une petite *Clarisse
Harlowe*, qui faisait tacitement le pro-
cès des déréglemens de ses autres
compagnes.

Solanges ne borna pas là sa mé-
chanceté ; il est bon d'instruire à cet
égard le public que notre infortunée
marchande de modes n'était ni chez
elle, ni dans ses propres meubles,
mais bien dans la chambre et les
meubles de son perfide amant, qui
eut la cruauté de charger un de ses
amis de se rendre chez elle, et engagea

ce dernier à profiter de l'espèce d'in-
dépendance où sa situation la mettait,
pour tâcher *de succéder à son bonheur*, dont il était déjà fatigué ; ce
plan peu généreux fut donc arrêté,
et l'ami d'un déloyal militaire, empres-
sé d'obtenir une conquête qui lui parut
on ne peut plus facile au premier
coup d'œil, vola chez Emilie: à peine
entendit-elle du bruit qu'elle courut
avec joie, avec précipitation vers la
porte ; mais que devient-elle, lorsque, croyant voir revenir un amant
adoré et repentant d'un caprice inintelligible dont elle avait été victime,
loin de reconnaître ses traits chéris,
elle entrevoit ceux d'un étranger qui
lui sont parfaitement inconnus ?

Emilie faillit tomber à la renverse; mais se rappelant aussitôt le danger qu'elle pouvait courir avec cet inconnu, elle rassembla ses forces et sa présence d'esprit pour l'inviter froidement et d'un ton sévère à se retirer, malgré qu'il annonçât venir de la part de Solanges; il eût beau répondre par une ironique plaisanterie, insulter dans Emilie aux faiblesses de l'amour, qu'il était indigne de faire naître, ce fut en vain, et ni la force qu'il chercha à employer, ni ses discours ne parvinrent à combler de honte celle qui méritait des ménagemens, si d'un autre côté elle avait perdu ses droits à l'estime : alors, furieux d'être ignominieusement éconduit, il changea de ton , et se déclara le propriétaire des meubles et le seul locataire d'un appartement qu'il avait bien voulu céder pour un *caprice* à son ami Solanges.... A cette déclaration mensongère et astucieuse , notre aimable et intéressante grisette, habile à profiter du bruit qu'elle entendit alors chez ses voisines, déclara à son nouveau suborneur qu'elle prétendait sortir à l'intant d'un lieu infâme à ses yeux et qu'elle prenait en horreur depuis qu'un monstre comme lui venait de le souiller ; et au milieu du repentir qu'elle témoigna d'avoir tombé si imprudemment dans un tel piége, où sa sincérité s'était flattée de trouver amour pour amour , elle ga-

8.

gna la porte, l'ouvrit et, d'un pied leste et fugitif, s'échappa des mains du complice de son amant. Nous ne prîmes plus, ma belle Polumnie et moi, aucun intérêt à ce vil personnage, toutes nos tendres inquiétudes se tournèrent vers Emilie, et sans l'efficacité de nos philtres, nous l'aurions perdu de vue, à cause de l'extrême rapidité de sa course ; mais nous l'eûmes bientôt atteinte au magasin de modes où elle eut l'idée de retourner : on y veillait encore pour une parure fort élégante destinée à une femme entretenue par un prince étranger ; ainsi elle put trouver asile près d'une amie à qui elle conta ses chagrins, et qui eut, malgré son sexe,

la générosité d'essuyer ses larmes ,
quoique ce fussent celles d'une femme
jolie. Nous sentîmes qu'il était juste
d'indemniser et même de récompen-
ser une héroïne de roman aussi ma-
lencontreuse dans ses amours ; aussi
obtîmnes-nous le lendemain , pour
Emilie, des bontés de la fée Sein
d'amour, à qui nous contâmes l'aventure, la main d'un brave épicier de
la rue Mouffetard, dont l'étendue
d'esprit était, il est vrai, facile à me-
surer, mais qui ne pouvait pas manquer de la rendre beaucoup plus heu-
reuse que ne l'auraient jamais pu
faire tous les aimables *Ellevious* militaires des armées françaises.... Cette
pièce *semi* - galante , *semi* - drama-

tique, étant donc terminée, nous voulûmes connaître les secrets nocturnes des mœurs clandestines d'une riche marchande de la rue de Richelieu, qui faisait retentir tout son quartier de l'éclat imposteur de sa prétendue vertu : à cet effet, pour voyager plus lestement, il vint à l'idée de Polumnie de nous affubler d'ailes artificielles, selon le conseil que nous avait quelquefois donné la fée SEIN D'AMOUR ; ces ailes, brillantes comme la queue d'un paon, avaient la rapidité de l'éclair, et ne nous mettaient pas dans la nécessité de prendre des moyens communs pour nous porter sur les points où notre curiosité nous appelait ; il est vrai que nous avions à redouter de

devenir deux autres *Icare :* cependant
après avoir pris toutes les précautions
inimaginables, et avoir doublé la dose
de nos *charmes* et de nos enchantemens, nous prîmes un vol audacieux
sur les toitures de la rue de Richelieu, en un clin d'œil nous fûmes
arrivés ; à peine si l'aigle altier aurait
pu nous égaler dans notre vitesse.
Polumnie, munie du poinçon nécessaire à tenir sur nos tablettes la relation de nos *caravanes aériennes,* mit
de suite le pied sur l'asile de la fausse
prude que nous voulions démasquer ;
en une seconde, par l'attouchement
d'un de mes anneaux, la toiture de la
maison fut enlevée, comme on enlève-
rait par exemple, avec dextérité, la

croûte d'un pâté ; et nous voilà aussitôt maîtres de savoir les secrets les plus subtiles des amours hypocrites de notre belle marchande. Il pouvait être deux à trois heures du matin : madame, dans un négligé galant, mais vêtue, on ne peut plus légèrement, d'un élégant peignoir garni en dentelles , parcourait alors avec inquiétude ses appartemens : tout , à son exception, paraissait dans la maison enseveli dans un profond sommeil, et , trop prudente pour mettre un tiers dangereux dans sa confidence , elle paraissait s'être seule chargée du soin et des apprêts de son bonheur : deux lits fort riches figuraient dans une alcove parfaitement décorée ; et nous jugeâmes, avec raison, que son époux était alors absent pour des affaires de commerce ; c'était donc l'heureux à propos des amours adultères.... Notre héroïne ne laissait pas, dans ses allées et venues, de se porter souvent vers une sorte de grand rideau vert frangé, et de l'écarter tant soit peu ; et cependant il ne me parut pas, au premier coup d'œil que me permit de donner ma lanterne sourde, qu'il y eût derrière ce rideau quelque croisée ou quelque fausse porte..... Mais je m'étais grossièrement trompé, car une boiserie, qui paraissait immobile, n'était qu'une pièce très-ingénieuse de rapport, qui pivotait sur ses gonds et, faisant face à un autre escalier, donnait

passage à l'amant favorisé : le sien entra à pas de loup et murmurant de ce
qu'un commis de la maison, son voisin, était acharné à lire un roman; sa
porte, disait-il, qu'il avait laissée ou-
verte, ne lui avait pas permis de se ha-
sarder à ouvrir la sienne et à descendre vis-à-vis de ce commis qui l'aurait
infailliblement reconnu, de sorte qu'il
lui avait fallu attendre que ce lecteur
infatigable dévorât jusqu'au dernier
chapitre de ses héros imaginaires, pour
qu'il pût sans danger entreprendre
lui-même d'être exact au rendez-vous
qu'il avait reçu : notre belle hypocrite lui sut un grand gré des soins
scrupuleux qu'il prenait de sa réputation, et plusieurs baisers sur la

bouche le récompensèrent aussitôt
de la faction ennuyeuse qu'il avait
dû faire ; l'un et l'autre, dans la toilette la plus leste, ne firent qu'un
pas de cette première entrevue au
dernier degré du délire, et comme
nous ne nous étions pas fixés dans le
principe de cette perquisition, n'ayant
d'autre but que de connaître au juste
une fausse vertu, et de l'en punir un
jour en divulguant la vérité, nous
laissâmes nos deux amans s'escrimer
à leur aise, voulant fermer cette la-
borieuse et huitième nuit par un
simple coup d'œil sur deux jeunes
époux mariés du jour même et dont
les noces avaient été faites avec le
plus riche appareil. C'était sur le

boulevard Italien : sans doute , dis-je
à Polumnie , l'amour ne sera pas ici
encore endormi ; au contraire , c'est
le moment où, à l'issue d'un grand souper de famille, la mère , après avoir
donné un baiser à sa fille, lui avoir com-
muniqué les instructions et les con-
seils d'usage, l'abandonne à la discrétion d'un amant, d'un époux qui vient
d'acquérir aux pieds de l'autel des
droits divins sur une virginité déjà
immolée par avance dans les clauses
d'un parchemin notarié : *la fleur de
l'hymen (pretium defloratæ virgini-
tatis)* a été le principal pivot sur
lequel a roulé tout le traité conjugal;
il faut cependant convenir que l'ar-
ticle de la fortune n'a pas été oublié :

fort bien, m'écriai-je, enchanté des ouvertures d'un spectacle qui nous promettait des accessoires et des détails si piquans...., tout va à merveille, et si d'un côté les douces larmes d'une virginité aux abois, le sang plus précieux de ses prémisses teint de pourpre la couche nuptiale, que de délices suivront ces premiers momens inévitables de douleur!!...O hymen! pourquoi ta première nuit de délices ne ressemble-t-elle pas aux autres et que le premier fruit que tu nous offres bientôt est l'ennui de ta légitime et commode uniformité !.... Mais revenons à nos époux samnytes. J'ai déjà dit plus haut que la mère, après avoir encouragé la timidité de sa

9

fille, l'avoir laissée à son destin , et avoir répété mille fois à *Zoé* (c'est ainsi que se nommait notre aimable vierge) « *que ce ne serait rien,* qu'elle » se faisait *des monstres* de tout » , et enfin l'avoir consolée de mauvaises plaisanteries accoutumées que quelques-uns de ses oncles lui avaient faites au souper sur les épreuves *du sang, de l'eau* et *du feu* , par lesquelles il lui fallait passer cette nuit , la quitta pour la livrer aux transports de son amant.... Nous fûmes effectivement témoins oculaires et auriculaires des protestations de la plus vive tendresse, des discours les plus délicats. Le jeune homme avait de l'âme, de l'esprit, de la jeunesse et de la figure , et, à tous égards , était digne de l'objet charmant que le sort avait mis à sa disposition ; mais ces transports, ces marques d'attachement se passaient cependant en vains discours.... Point d'action, point d'effet, point d'empressement ou plutôt d'ardeur, selon l'usage, à enlever à la beauté des vêtemens toujours importuns en pareil cas ; c'était l'amour platonique et respectueux d'un amant qui n'a aucuns droits, et qui, fidéle observateur de ce qu'on aurait exigé de lui dans quelque convention mystérieuse, se fait une vertu de ne point transgresser les ordres de sa maîtresse : quel rôle, quel maintien embarrassant pour la pudeur, la délicatesse d'une jeune fille, qui, désirant

9.

secrètement connaître au vrai *tous les mystères du mariage,* dont ses compagnes au couvent n'ont pu jamais que lui donner des idées imparfaites, ne peut cependant faire les premiers frais, les premières avances, et attend le signal du plaisir pour le partager elle-même!!...C'était, cher lecteur, la position douloureuse de *Zoé:* Polumnie et moi en étions affligés pour elle au-delà de toute expression, et, pour peu, nous allions faire agir quelque stratagême de nos enchantemens ; mais, réfléchissant que nous nous enleverions à nous-mêmes le plus piquant de cette scène, nous nous déterminâmes à laisser aller les choses selon leur cours naturel, sans y faire rien entrer de *sur-humain* ni de magique.

Pauvre Zoé ! quel sort terrible t'était donc réservé par le génie mal-faisant de l'hymen !.... Son époux, au milieu de caresses qui n'étaient plus devenues que froides et insigni-fiantes, et sans avoir rien dérangé à la toilette de sa femme, prend tout à coup un air sombre qui lui est im-possible de dissimuler davantage : paraissant souffrir d'une contrainte, qu'il s'est faite depuis long-temps à lui-même, ainsi que du poids d'un *secret affreux* que son amour propre a constamment caché à sa famille, il semble en ce moment succomber à l'horrible nécessité de le divulguer.

Tout à coup nous voyons cet infortuné jeune homme quitter la main de
son épouse, qu'il ne tenait plus dans
les siennes qu'avec un visage égaré
et des yeux hagards, puis lui donnant,
lui disait-il, un *dernier baiser*, la
regardant fixement avec l'air du désespoir , il lui adresse ces paroles
énigmatiques pour elle : « Je puis
» t'adorer et *ne puis* te le prouver,
» puisque je suis *mort* pour l'amour;
» reçois mon dernier soupir, je ne
» puis survivre à l'horreur d'être
» ton époux, sans jamais *le devenir*
» *en effet*.... » Alors il disparut
d'un pas précipité, laissant Zoé bai-

gnée de ses larmes et ne compre-
nant rien à une originalité à la fois
si pénible et si inintelligible pour son
innocence et son précieux défaut
d'expérience : mais son malheureux
époux, que nous eûmes la douleur
de suivre dans toute son action ,
se jetant sur une paire de pisto-
lets, après avoir cacheté une let-
tre, d'un cachet noir, qui portait
pour adresse , *A Zoé,* en arme un ,
et , un genou en terre, termine ses
jours par un affreux suicide…. Quel
coup terrible pour son amante, veuve
de quelques heures et passant en un
moment de l'autel au trépas de son

époux!!.... Au même instant toute la maison est en rumeur : quel est le motif de ce coup épouvantable, et que deviennent les deux familles, Zoé même, à l'aspect du corps sanglant d'un gendre, d'un fils!.... On décachète avec empressement le billet fatal à Zoé : que contenait-il enfin? Polumnie et moi le savions déjà par la puissance de notre encre sympathique et d'un grimoir infernal qui ne nous quittait pas.

Voici, en propres termes, le contenu de ce mortel billet :

« Chère et infortunée Zoé, l'effet
» d'un amour propre bien condam-

» nable, mais que je n'ai pu vaincre,
» m'a fait porter l'audace jusqu'à ac-
» cepter ta main, malgré que la *nature*
» m'eût toujours privé du bouheur
» de pouvoir devenir ton époux ; il
» m'en coûtait trop de faire ce hon-
» teux aveu à ta famille, à la mienne,
» et leur indiscrète chaleur à préci-
» piter une union *dont les liens ne*
» *pouvaient jamais se serrer*, a mis
» le comble à nos malheurs ; je ne
» puis survivre à l'humiliante con-
» fession que je viens de te faire....
» Plains-moi, Zoé, plains ma mé-
» moire, et porte à un autre mortel
» plus heureux que moi *un trésor*

» dont n'a pu jouir le trop infor-
» tuné
    » Saint-Ange. »

Voilà donc pour les deux familles
le mot de cette horrible énigme trouvé, mais pour Zoé, toujours la même obscurité régnait dans son infor-
tune et son extrême ingénuité ; son
ignorance absolue ne pouvait com-
prendre qu'un homme pouvait *ne pas*
l'être.... La suite nous apprit que, ma-
riée en secondes noces, et après s'y
être parée d'un bouquet virginal qui
n'avait pu être *fané* en aucune manière lors de l'événement désastreux

des premières noces, elle connut enfin, *dans les plus grands détails*, les effets et les causes qui l'avaient privée la première fois du véritable titre d'épouse; et, tout en plaignant le sort de l'*impuissant* Saint-Ange, elle l'approuva, comme le feront toutes les femmes, de s'être résolu à quitter le théâtre de la vie, puisqu'il ne pouvait jamais participer *aux joies de ce monde.*

Nous nous empressâmes de quitter cette famille en proie à la plus juste douleur; nous ne pouvions y apporter aucun remède. Je passai le reste de cette nuit si fertile en événemens, non pas à écrire des billets dans le stile de celui de Saint-Ange à Zoé, mais plutôt en prouvant à Polumnie, par les témoignages *réitérés* de mon amour, que j'étais bien digne d'être son époux, et que rien ne me manquait enfin pour m'acquérir sur elle tous les droits de l'hymen. Nous consacrâmes la journée au repos, et ce ne fut que le soir, fort tard, que nous commençâmes, sous les doubles auspices de la folie et du **plaisir**, les travaux ambulans de la

NEUVIÈME ET DERNIÈRE NUIT
DE PARIS.

Quelles précieuses archives, *pour le bureau des mœurs* et la police secrète de Paris, que ce journal!...Quelle mine féconde s'ouvre d'elle-même aux *limiers,* inspecteurs et agens de sûreté!.... Que de peines nous seraient épargnées, les entends-je dire, si nous avions aux épaules les ailes de ces deux Icare modernes, et surtout les anneaux enchantés de la fée SEIN D'AMOUR!!.... Il ne nous faudrait pas, comme à présent, battre le pavé, nous introduire furtivement dans des maisons publiques ou privées, où notre courage paie souvent les excès de notre curiosité à connaître l'esprit public et les incestes clandestins.... Nous en convenons, mais comme eux, nous n'en abusons pas quelquefois, et ce n'est que pour le plaisir et la dissipation que nous développons nos ailes; nous effleurons les objets, et, en légers papillons, nous parcourons un parterre émaillé de fleurs, sans prétendre en recueillir un suc malfaisant. — J'aime les exordes courts, interrompit ici Polumnie; laissez donc cette petite préface oiseuse, et venez

avec moi : j'ai découvert ce matin,
par la science de ma cabale , des liaisons fort plaisantes qui se passent
rue de l'Ancienne Comédie française,
entre une petite actrice sans renom-
mée, et son entreteneur plus que sexagénaire : il était dix heures du soir
lorsque Polumnie me fit cette comi-
que communication. Allons, partons,
lui dis-je , la nuit est belle, étoilée,
et nos ailes artificielles.... Non, mon
cher sylphe, repartit Polumnie, ne
nous en servons pas ; il nous suffira
d'un bouton *aimanté*, pour nous glisser entre les rideaux de l'appartement
de notre jolie prêtresse de Thalie, et,

pourvu que vous me répondiez que vous ne troublerez pas la scène par un rire indiscret, je vous promets l'épisode le plus divertissant que vous ayiez jamais vu : introduits près d'une embrasure de l'appartement de *Foloé* (ce sera le nom idéal que nous donnerons à notre actrice, pour nous reconnaître dans notre narration), nous l'aperçûmes promenant habilement ses jolis doigts en fuseaux sur le clavier d'un riche clavecin; un beau jeune homme l'accompagnait sur son violon : ce couple aimable charmait les oreilles par les accords parfaits d'une musique délicieuse. Cet aspect, tout agréable qu'il était, ne prêtait pas à rire, et j'en fis l'observation à Polumnie.... — Attendez donc, me dit-elle, monsieur l'impatient; un moment de répit, et la scène changera sans doute.... En effet, au milieu de ce charmant duo se fit entendre bientôt, dans l'antichambre, la voix rauque et cassée d'un vieillard, et telle à peu près que celle que Potier, ce spirituel acteur, fait remarquer dans *le ci-devant Jeune homme,* lorsqu'il assure Labranche, son valet de chambre, « *qu'il s'est amusé extraordinairement.* » Quel trouble aussitôt! quelle terreur s'empare de Fo-

loël…Voilà son état, toute sa fortune compromise, si *l'ami du cœur* est découvert par le *payant*…. Cependant ils n'ont que très-peu de temps pour délibérer ; les momens sont précieux, il faut prendre vivement un parti…..
— Mais où diable cacher le beau jeune homme?…. dans un cabinet, dans une armoire, dans la cheminée, dans l'alcove, sous le piano?…. Mauvais moyens; le vieillard, comme celui du *Barbier de Séville*, est fin, soupçonneux, et regarde partout…. Je vous le donne en mille, cher lecteur, et vous, charmante demoiselle qui nous lisez, dites - moi donc où

vous auriez, en pareil cas, soustrait
votre amant à toutes recherches....
Je ne veux pas vous faire davantage
languir.... Pendant qu'une soubrette
fine, pénétrante, et qui avait parfaitement su présumer le danger où se
trouvait sa maîtresse, retenait le vieillard par des questions prolixes et toutes
les ruses nécessaires pour retarder sa
marche, Foloé faisait déshabiller
son amant, et lui faisant prendre la
place d'un Appollon de plâtre co-
loré et de grande dimension, placé
dans un enfoncement de l'appartement sur un piédestal, elle lui pla-
çait sur la tête un chapeau, sur les

bras des schals et autres parties d'ha-
billement, qu'elle était dans l'usage,
elle et sa femme de chambre, de jeter
sur cette prétendue statue ; la véritable avait été brisée depuis peu de
jours, le vieux jaloux l'ignorait ; de
sorte que son esprit soupçonneux,
mal secondé d'ailleurs par sa vue basse
et la clarté vague des lumières, ne
pouvait se douter ici d'aucune subs-
titution ni d'aucune supercherie ; les
habits de notre beau jouvenceau furent cachés dans la garde-robe ; la
femme de chambre aida parfaitement
Foloé dans tout ce manége, qui ne prit
pas le temps que je mets à le décrire,

et notre friponne se remettant avec un grand calme à son *piano*, et feignant d'étudier un passage difficile, ne répondit que d'une manière dégagée aux avis et au ton *grognard* de son *aieul*, qui se plaignit fort amèrement de son impolitesse, des propos imposteurs de la soubrette, et termina sa mercuriale en jetant un soupçonneux coup d'œil dans toutes les parties de l'appartement ; il ne manqua pas de citer la corruption du siècle, et la malice des femmes.... Foloé lui demanda alors froidement s'il n'était venu que pour gronder?....Vous voyez bien que non, ma mignonne, lui repartit

notre vieux barbon en se radoucis-
sant, et commençant à se persuader
que sa jalousie n'avait aucun fonde-
ment. Aussitôt, se débarrassant du
poids d'un grand panier d'osier qu'il
portait au bras, il fit un étalage des
objets qu'il contenait et qu'il destinait
à sa maîtresse ; c'étaient les pièces les
plus fines du magasin de Corcelet,
telles que pâté d'Amiens, poulardes
truffées, truites, chocolat de santé,
ananas, et liqueurs des îles. Il est bon
que le lecteur sache à cet à propos, que
notre sexagénaire, quoique d'ailleurs
épris des appas de sa comédienne,
ne lui trouvait pas ce degré d'embon-

point qu'il aurait voulu en elle : bien faite, mais un peu mince en général, Foloé n'offrait pas aux amateurs d'une robuste santé des formes tout à fait rebondies, elle était délicate, et sa personne enfin ne livrait à la main d'un voluptueux que le *stricte né-cessaire*, et sans qu'on puisse la taxer du défaut de maigreur, elle était loin de présenter dans ses délicats attraits ces *massifs* de chair, cette rotondité à laquelle voulait à toute force la faire atteindre notre vieux libertin ; il l'eût trouvée adorable, parfaite, si elle eût été un peu plus grasse, et, pour parvenir à son but , sa fortune considérable lui permettait d'épuiser les magasins de comestibles de tout ce qu'il y avait de plus rare et de plus délicieux pour engraisser son idole qui, comme le tonneau des Danaïdes , restait toujours au même point. Foloé sourit à la vue de tous ces présens , appelle sa femme de chambre pour les enlever, et cela sans témoigner aucune reconnaissance , . puisqu'elle n'ignorait pas qu'ils lui étaient faits par la manie et par l'égoïsme d'un vieux débauché qui la traitait ici comme un animal purement destiné à ses plaisirs : de temps en temps

elle jetait un coup d'œil sur l'*Apollon* qui, les bras étendus comme le
demi-dieu qui vient de tuer le ser-
pent Piton, se trouvait très-fatigué
de cette posture gênante, et aurait
bien voulu pouvoir abréger la damnable visite de son damnable rival.
Il n'en était pas décidé ainsi dans
les destins de la galanterie; notre
héros suranné voulut jouir de ses
droits, ou plutôt du fruit de ses gran-
des dépenses, et se préparant aux
détails d'une *toilette de nuit*, il exi-
gea que Foloé en fît autant; c'est
inutilement qu'elle voulut s'excuser
sur une petite indisposition de femme,

il n'en tint pas compte ; il fallut, sous les yeux d'un amant , que l'*Aurore* se jeta dans les bras de *Titon* ; mais avant d'arriver à ce terme, que de particularités humiliantes pour Foloé !.... La manie de son entreteneur était de s'attacher un ruban rose au bras , et , à peu près nu , de faire le manége dans l'appartement, sous la direction de son amie qui le conduisait en laisse ; ce moyen bizarre servait de puissant véhicule à son imagination et lui faisait obtenir un degré d'énergie dont Foloé devenait bientôt la victime. . . . Nous disons *victime ,* car sous les yeux d'un amant ,

combien son amour propre dut souffrir d'une pareille situation ! . . ..
Pour en sortir plus tôt , elle se vit
forcée de prendre l'unique moyen qui
lui restait , ce fut celui de redoubler
d'une feinte ardeur, et mettant bientôt à bout les forces usées de cette
vieille caricature, elle parvint à le
congédier , lui-même , charmé des
marques d'une complaisance qu'il
n'avait jamais rencontrée en elle :
aussitôt notre *Apollon* de s'animer
et de descendre de sa niche. Foloé
eut beau lui représenter que son existence était attachée à la fidélité de
cet original, *notre pauvre statue* res-

sentit un tel dégoût pour de pareilles bassesses de la part de son amie, que la cupidité seule dirigeait, qu'il la quitta en l'accablant de marques de mépris. Ainsi finit cette singulière scène.

Nous nous empressâmes de nous retirer, en riant aux éclats, ce qui ajouta au mortel déplaisir de Foloé qui ne pouvait jamais se rendre compte d'un bruit si extraordinaire. Il fut décidé entre Polumnie et moi que nous bornerions à cette NEUVIÈME ET DERNIÈRE NUIT le cours de nos mystérieuses expéditions, et que nous nous rendrions aux instances nouvelles et réitérées de la fée SEIN D'A-

MOUR, vis-à-vis de laquelle nous ne voulions pas enfin nous rendre indis-crets. Nous nous retirâmes donc, après avoir pris cette décision et avoir évoqué les ombres protectrices de la fée; effectivement, à peine fus-je enseveli dans le premier som-meil, après avoir souhaité *le bonsoir* à Polumnie, que la fée SEIN D'AMOUR m'apparut dans mes songes sur un char éclatant de rubis et de bagues enchantées. *Tu as vu dans les Nuits de Paris, les choses telles qu'elles sont, me dit - elle, c'est assez te laisser la supériorité d'un demi dieu; rends - moi donc, sui-*

vant mes derniers avertissemens , les charmes que je t'ai confiés, et reprends toutes les illusions d'un simple mortel , elles font l'unique bonheur de son existence.... A ces derniers mots, la fée disparut, je me retrouvai *sans magie* entre les bras de Polumnie , et depuis, bornés à nos seules amours, nous ne pouvons plus divulguer davantage les bigarrures des amours et de la galanterie de la capitale.

FIN.